Johann Kogler

Unterm Edelweiß

Kriegstagebuch eines Funkers der
1. Gebirgsdivision

mit zahlreichen Photographien

Es war ein Edelweiß

Ganz einsam und verlassen,
an steiler Felsenwand.
Stolz unter blauen Himmel,
ein kleines Blümlein stand.
Ich konnt' nicht widerstehen,
Ich brach das Blümelein.
Und schenkte es dem schönsten, herzliebsten Mägdelein.

So einsam und verlassen,
wie dieses Blümlein stand,
so standen wir im Leben,
bis Herz zu Herz sich fand.
Ein Leben voller Liebe,
und Glück und Sonnenschein.
Hat uns gebracht das kleine,
einsame Blümelein.[1]

---

[1] Edelweiß-Marsch, Herms Niels, 1941, Strophen 1 und 3

Inhaltsverzeichnis

Vorwort des Herausgebers	*5*
Vorwort des Verfassers	*6*
Kriegsbeginn in der Gebirgsartillerie 79	*8*
Verlegung nach Frankreich und Jugoslawien	*9*
Russlandfeldzug 1941	*10*
Durchbrechen der Stalin-Linie am 15.7.1941	*16*
Kesselschlacht bei Uman	*17*
Weiter zum Fluss Dnepr	*20*
Der Panzergraben bei Timoschewka	*23*
Weitermarsch zur Krim	*24*
Zurück zum Panzergraben bei Timoschewka	*27*
Bildteil	*31*
Das eiserne Kreuz - weiter nach Stalino	*51*
Gefechte bei Stalino und am Fluss Mius	*52*
Das Salminger Köpferl	*58*
Winter 1941/1942 am Mius	*66*
Stellungskrieg an der Ssamara	*69*
Frühjahrsoffensive 1942	*71*
Heimaturlaub in Passau	*73*
Zurück in den Krieg - die 8. Gebirgsdivision	*74*
Nachwort	*75*
Das Gebirgs-Artillerie-Regiment 79	*77*

Abbildungen _____ *79*
Quellen _____ *79*
Kontakt zum Herausgeber _____ *79*

Vorwort des Herausgebers

Als mein Großvater Hans Kogler 1986 seine Erinnerungen an seinen Frontdienst im 2. Weltkrieg aufschrieb lagen die Ereignisse schon über 40 Jahre zurück. Einschneidende Kriegserlebnisse wurden von ihm bereits während des Krieges in Form eines Kriegstagebuchs protokolliert, so dass es ihm zu diesem späten Zeitpunkt möglich war aus diesen Tagebucheintragungen und anderen Fragmenten einen Bericht zusammenzufassen.

Lassen wir diesen Bericht Teil der Überlieferungen werden, die uns von unseren Vorfahren weitergegeben wurden.

Sven Heuberger,
Nürnberg, 22.1.2015

Vorwort des Verfassers

Ich gehöre schon zu den älteren Deutschen und möchte die Zeit vorbeiziehen lassen, so wie ich sie erlebt habe. Vielleicht kann dadurch ein viel später geborener Zeitgenosse eher begreifen, warum Menschen meines Alters oft traurig und verzweifelt sind, wenn sie die Erzeugnisse der Meinungsindustrie in Film, Fernsehen, Rundfunk und die Reden der Führenden hören und sehen müssen. Der Jugend kann man viel erzählen, aber man soll es nicht einseitig tun. Und da fällt mir gleich der Name "Jenninger" ein, der, obwohl bekannt als 100%iger Gegner der Nationalsozialisten, nur weil er versucht hatte, ein klein wenig Licht in das Dunkel vor dem zweiten Weltkrieg zu bringen, von der politischen Bühne hatte abtreten müssen. Hier beginnt die Falschheit und Scheinheiligkeit. Wer sich für Geschichte interessiert, muss erkennen, dass es kein Volk auf der Welt gibt, das sich ohne dunkle Flecken vorstellen kann. Daran kann auch ein Bundespräsident nichts ändern. Man kann die ganze Welt absuchen, aber niemandem ist es bisher eingefallen, die eigene Schuld so trotzig zu präsentieren wie die heutigen Deutschen.

Vorherrschend war die Angst der drei westlichen Hauptgegner vor der deutschen Wirtschaftsmacht. Darum immer wieder die Forderung: "Deutschland muss vernichtet werden!" Das konnte schon hören, bevor es einen Hitler gab. Die Bombardierung der deutschen Städte mit der Absicht, Frauen, Kinder und Greise zu töten, brachte den Alliierten den

Sieg. Die Rechnung, dass wir nun hundert Jahre brauchten, um den Stand der Vorkriegszeit zu erreichen, ging nicht auf. Nun soll dem Volk der Glaube an Deutschland durch vielerlei Tricks, die von den eigenen Parteien ausgehen, genommen werden, um in ein Nichts abzusinken. Um gegenzusteuern, bräuchten wir aber Politiker, die ihren Eid ernst nehmen. Leider benehmen sie sich wie Knechte mit Höchstlohn. Japan war im Krieg unser Verbündeter und musste kapitulieren, aber sie haben Flagge gezeigt und das Volk ist sich treu geblieben. Wir leben in einer Zeit der großen Widersprüche. Das größte Übel ist das Streben nach Macht im Kleinen und im Großen. Da hat sich bis heute nicht geändert. Wenn alles Übel dieser Welt nur von Deutschland ausginge, dann müsste die ganze Welt schon lange im himmlischen Frieden leben. Was wurde seit dem Ende des zweiten Weltkriegs alles angestellt ohne Beteiligung der Deutschen. Wer zählt die Millionen Toten und wer richtet und verurteilt die Schuldigen? Und was tun unsere Regierenden? Außer einem Höchstlohn winkt noch eine Pension, von der nur Götter träumen können. Die 40 Jahre seit Kriegsende haben mir das Vertrauen an die Regierenden in den Brunnen fallen lassen. Wir haben zuviel erleben müssen, schon in der Zeit ab 1919. Dann der schreckliche Krieg, von dem ich ein paar Monate herausgreifen und zu Papier bringen möchte.

Hätten sich die Herren aller Länder geeinigt, wäre uns einfachen Menschen vieles erspart geblieben!

Kriegsbeginn in der Gebirgsartillerie 79

Als ich 21 Jahre war, wurde ich gemustert, so wie überall auf der Welt. 1938 wurde ich eingezogen zur 6./II Gebirgsartillerie 79 in Garmisch-Partenkirchen für 2 Jahre Dienstzeit. Und dann kam, was wir nicht wollten. Am 1. September 1939 brach der Krieg gegen Polen aus. Unsere Verbündeten waren die Russen. Unsere 1. Gebirgsdivision kam in die Slowakei bei Poprad[2] und musste von da aus bis Lemberg durchstoßen. Tag und Nacht im Kampf mit Polen, dazu Staub, Durst und Hunger. Nahe der Erschöpfung hatten wir am 18.09.1939 die Stadt Lemberg von drei Seiten umstellt. In der Stadt waren zwei polnische Divisionen und eine dritte polnische Division stand in unserem Rücken westlich von Lemberg. Am 21. September ergab sich der polnische Stadtkommandant mit seinen Divisionen unserer 1. Gebirgsdivision. Trotzdem mussten wir uns sofort westlich des Flusses San zurückziehen und die Russen bekamen Lemberg. Es war eine politische Entscheidung zwischen Hitler und Stalin.

---

[2] Poprad: Stadt in der Slowakei am Fuße der hohen Tatra

Verlegung nach Frankreich und Jugoslawien

Wir wurden in das Rheinland verlegt, in die Eifel, denn am 3. September hatten uns England und Frankreich den Krieg erklärt. Einquartiert waren wir in Röhndorf bei Bonn. Am 10. Mai 1940 war es wieder soweit. Der Feldzug gegen Frankreich begann, denn die Engländer waren nicht bereit, Frieden mit Deutschland zu schließen, der ihnen wiederholt angeboten wurde. Unser Weg ging durch Luxemburg, dann nach Saint-Hubert in Belgien, dann bei Revin über die Maas, weiter nach Laon bis zum Aisnekanal. Dort 14 Tage Stellungskrieg. Am 5. Juni Angriff über den Kanal und Vorstoß zur Aisne bei Soissons, dann zur und über die Marne bis zur Loire bei der Stadt Cien. Am 22.06. Halt und Waffenstillstand. Anschließend marschierten wir in die Gegend Lyon und Schweizergrenze. Im August 1940 Verlegen der Division nach Belgien und Nordfrankreich Nordseeküste und Vorbereiten für den Angriff auf die Insel England. Im Herbst wurde dieses Vorhaben aufgegeben. Wir kamen wieder an die Schweizergrenze Raum Macon. Dort übten wir dann für den Angriff auf die Festung Gibraltar. Dieses Unternehmen wurde im Januar 1940 ebenfalls abgeblasen. Weiter üben bis Ende März 1940, dann Hals über Kopf verladen, mit der Eisenbahn durch das Reich bis zur Wienerneustadt. Ausladen und sofort Angriff gegen Jugoslawien Raum Cilli. Dort halt und zurückmarschieren in die Ostmark. Von da aus kamen wir per Eisenbahn in die Slowakei.

Russlandfeldzug 1941

Von dort marschierten wir nach Polen in den Raum um Przemysl. Ab 21. Juni 1941 Feldzug gegen Russland. Am Abend verlesen des Angriffsbefehls auf die Sowjetunion, anschließend Essensausgaben. Ab 21 Uhr einziehen in den Bereitstellungsraum. Mein Funktrupp geht mit Oberleutnant Reiß auf die B-Stelle (=Beobachtungsstelle) gleich zusammen mit der Angriffskompagnie der Jäger. Die Nervenanspannung ist jedem Mann im Gesicht abzulesen. Jede Bewegung muss leise sein. Ich hole mir noch, die für den Angriffsbeginn ausgegebenen Funkschlüsselunterlagen für den Funkverkehr. Unser Gebiet ist anscheinend sehr sumpfig, denn es geht gleich einige hundert Meter über Knüppeldämme und Wege, die die Pioniere seit einigen Tagen gebaut haben. Jeder ist mit seinen eigenen Gedanken beschäftigt. Es wurde auch noch Post ausgegeben.
Ich erhielt ein Päckchen mit Brief von der Familie Blach aus Gaishofen. Im Päckchen war ein feiner Kuchen. Durch die Post von daheim hat sich die innere Erregung noch gesteigert. Vor uns das unendlich große Russland, hinter uns die geliebte Heimat. Als die Bereitstellung zu Ende war, durften wir uns zum Schlafen hinlegen. Der Boden im Wald war sehr nass und somit standen wir bald wieder auf und suchten nach einem trockenen Plätzchen. Zwischen einer Gruppe von Fichten setzten wir uns dann auf unsere Rucksäcke. Dann redeten wir noch ein wenig von daheim und auch über die kommenden Tage. Langsam wurde es dann

still und wir dösten dem neuen Tag entgegen. Richtig geschlafen haben die wenigsten. Zwischen 2 und 3 Uhr früh kam schon wieder Bewegung in die nähere Umgebung. Von weit rückwärts hörte man einige Male das Röhren unserer Mulis[3]. Leise kamen Befehle durch, und der Befehl "fertig machen!". Ich kontrollierte nochmals meine Funkstation und verglich mit der Gegenstelle die genaue Uhrzeit. Im Osten fing es zu dämmern an. Plötzlich ein Gebrumm am Himmel. Die ersten deutschen Fernaufklärer flogen über uns hinweg und über die russische Grenze. Noch war es für uns nicht soweit. Noch zehn Minuten bis zur X-Zeit, 4.30 Uhr. Kein gutes Gefühl in solch einer Lage. Plötzlich tickte ein deutsches Maschinengewehr in näherer Umgebung.

Nun ließ die Erregung der letzten Stunden nach. Überall erhoben sich die einzelnen Gruppen der Jäger und lautlos ging es zum Waldrand an den Grenzzaun. Die russischen Grenzposten wurden als erste abgeschossen oder gefangen genommen. Dann wurde der Grenzzaun aufgerissen und wir überschritten die Grenze zu Russland. Rasch ging es gleich voran über Rübenäcker. Rund 1 km vor uns sahen wir einige Häuser stehen, wie üblich aus Lehm gebaut und mit Stroh gedeckt. Ein Stoßtrupp der Jäger kam schon nahe an die Häuser ran und nun waren es die Russen, die zu schießen begannen. Ein kurzer Kampf, und die Häuser waren erobert. In den Häusern waren keine Zivilisten, nur Soldaten, die sich nun ergeben mussten. Das erste Gefecht war vorbei. Die Gefangenen

---

[3] Muli: Maultier; Kreuzung aus Pferdestute und Eselshengst

machten einen gedrückten Eindruck. Dann wurden sie nach rückwärts gebracht. Für sie war der Krieg zu Ende und bei uns hieß es: "Geräte aufnehmen und weiterziehen bis zum nächsten Gefecht". Niemand von uns dachte in den ersten Stunden, dass es so ein harter und schlimmer Feldzug werden würde. Inzwischen ist es heller Tag geworden. Und es sollte sehr warm werden. Die Funkkästen, je 55 Pfund Gewicht, drückten schon ganz unangenehm auf unsere Schultern. Auch unsere Nachbarkompanien links und rechts kamen zügig voran. Die Schießerei wurde immer lauter. Plötzlich wieder braune Gestalten, die mit erhobenen Händen auf uns zukamen. Es waren junge 15-17 jährige Russen in Uniform, so eine Art Arbeitsdienst. Sie waren dabei, Panzergräben oder sonstige Stellungen zu bauen. Auch sie mussten nun zu den anderen Gefangenen gebracht werden. Allmählich kamen wir mit dem schweren Gerät auf dem Buckel ins Schwitzen. Gut, dass die Feldflasche noch voll Tee war. In unserem Abschnitt ging der Angriff schnell voran, aber 1 km links von uns stieß bei dem Schloss Oleszyce die 13. Kompanie vom Regiment 98 auf sehr starken Widerstand. Auch viele Baumschützen hatten die Russen eingesetzt, die den Jägern sehr zusetzten. Erst am Nachmittag war der Kampf zu ende. 12 Tote und viele Verwundete hatten die Jäger. Als der Abend kam, wurde eine Verschnaufpause eingelegt. Wir nutzten sie, um mal ein Stück Brot zu essen. Die Feldflaschen waren um diese Zeit schon leer, darum hielt jeder Ausschau nach einem Brunnen oder Bach, denn der Durst war größer als der Hunger. Dann kam ein neuer Befehl. Das Angriffsziel wurde um rund 5 km nach vorne verlegt. Die Russen wurden niedergeworfen und dann hieß es für die Nacht eingraben. Bei jedem freiwilligen oder vom Gegner erzwungenen Halt war meine erste Aufgabe, Funkverbindung zur Gegenstelle aufnehmen. Für die Nacht wurden Sperrfeuerräume eingeschossen und Verbindungszeiten vereinbart. Die Jäger stellten ihre Posten aus und dann warteten wir sehnsüchtig auf die Essensträger. Meistens gab es das Mittag- und Abendessen zugleich, manchmal auch gar nichts. Das war der erste Tag im Feldzug gegen Russland am 22. Juni 1941. Der Vorgeschmack war bitter, aber erst der Anfang. Die nächsten Tage wurden für uns immer schwerer. Die Verluste von Tag zu Tag mehr. Am 25. Juni 1941 erleben wir den ersten großen Panzerangriff der Russen auf uns bei und seitlich des Ort Jazow Stary, russische Panzerdivisionen gegen die 1. Gebirgsdivision. Ein ungleicher Kampf. Schnell gruben wir unsere Löcher immer tiefer. Leichte PAK von 3,7 cm und 5 cm Kaliber kam nach vorne. Die Artillerie schoss sich ein und die Panzer kamen immer näher. Die Geschosse der 3,7 cm und 5 cm Kaliber prallten von den Panzern ab. Sie konnten die Panzer nicht durchschlagen. Der Pak-Schütze Hofmeier verlor in dieser Schlacht sein Leben. Er feuerte pausenlos auf den ersten Panzer, ohne ihn erledigen zu können. Der Panzer rollte über die Bedienung und das Geschütz hinweg. Am Ende des Kampfes lagen 28 Russenpanzer in und vor unserer Stellung. Einige Jäger sprangen auf die Panzer und steckten Handgranaten in das

Geschützrohr. Nach dem Kampf, der für uns entschieden wurde, zogen sich die Russen Richtung Lemberg zurück. Am 29. Juni standen wir wieder, so wie im Polenfeldzug, vor der Hauptstadt Galiziens, Lemberg. Damals mussten wir die Stadt unserem damaligen Verbündeten, den Russen, überlassen. 1941 rückten wir in die Stadt ein. Die Russen hinterließen uns einen grauenvollen Anblick. Sie hatten vor ihrem Rückzug aus der Stadt noch einige tausend deutschfreundliche und deutschgesinnte Einwohner ermordet in den Zellen im Gefängnis aufgeschlichtet und das Gefängnis in Brand gesteckt. Ich habe noch ein Bild von diesem Gefängnis in meinem Album. Nach der Eroberung von Lemberg bekamen wir 2 Tage Ruhepause. Ab dann hieß es wieder marschieren und kämpfen durch die ganze Südukraine bis zum Fluss Mius rund 50 km nördlich vom Asowschen Meer. Die Entbehrungen und schweren Schlachten, die wir in der Zeit bis Dezember 1941 mit durchstehen mussten, möchte ich nicht alle einzeln aufschreiben. Darum nur einige Stationen, die sich unauslöschlich in unserer Erinnerung festhalten. Der erste Zusammenprall mit der roten Armee fiel zu unseren Gunsten aus. Noch dachten wir, dass der Gegner bis Einbruch des Winters geschlagen sein würde. Von der großen Weltpolitik hatten wir Soldaten, die nur ihr Vaterland verteidigen wollten, keine Ahnung. Die Führer in England und den USA waren sich längst einig in dem Plan, Deutschland endgültig zu zerschlagen, was ihnen am Ende auch geglückt ist. Noch waren sie vom Festland Europas getrennt, darum lieferten sie an Stalin laufend Mengen an Kriegsgerät mit Verpflegung aller Art. Von der Notwendigkeit, unser deutsches Vaterland zu verteidigen, waren wir genauso fest überzeugt wie die englischen oder russischen Soldaten für ihr Vaterland. Wie schon erwähnt, gab es für unsere 1. Gebirgsdivision nun 2 Ruhetage. Das hieß erst mal eine ganze Nacht durchschlafen. Dann Uniform und Waffen reinigen. Für uns war das Reinigen der Funkgeräte notwendig. Dann hieß es wieder fertig machen, um den Anschluss an die sich zurückziehenden Russen nicht zu verlieren. Sie sollten sich nicht mehr festsetzen können. Täglich kamen wir zwischen 30 bis 40 Kilometer vorwärts, denn die Russen ließen sich nur auf Nachhutgefechte ein.

Durchbrechen der Stalin-Linie am 15.7.1941

Aber schon stellte die Aufklärung fest, dass wir uns auf eine fest ausgebaute Verteidigungslinie zu bewegen. Es war die berühmte Stalinlinie mit vielen Betonbunkern. Am 13. und 14. Juli ging die 1. und 4. Gebirgsdivision in Bereitstellung. Am 15.07. um 10.00 Uhr früh ging, nach starker Artilleriebeschießung, der Angriff auf die Bunker los. Mein VB (=vorgeschobener Beobachter) ging mit dem Gebirgsjägerregiment 99 vor. Rund 100 Meter vor einem russischen Bunker wurde ich an der linken Schläfe durch Granatsplitter verwundet. Bis Sonnenuntergang hatten wir die Stalinlinie durchbrochen. An Ruhe war nicht zu denken. Die Verfolgung der zurückgehenden Russen, die hier rund 1000 Tote liegen ließen, mussten wir gleich wieder aufnehmen. Täglich kleine Gefechte mit der Nachhut.

Kesselschlacht bei Uman

Eine erneute Einkreisungsschlacht entwickelte sich im Raum Uman. Am 4. und 5. August erreichten wir die Hügel südöstlich vom genannten Ort. Am 5. August hatten wir die russische Armee in Uman-Podwysskoje eingekreist. Wir hatten bis kurz vor dem Ort noch mehrere Gefechte und machten rund 90 Gefangene. Die Nacht vom 5. auf den 6. August lagen wir in einem Sonnenblumenfeld. Die Blätter der Sonnenblumen waren eine weiche Unterlage zum Schlafen. Die Russen probierten an allen Ecken Ausbrüche, wurden aber überall zurückgeschlagen. Der 6. August galt der Vorbereitung zur Zerschlagung der im Kessel sitzenden Russen. Mein VB Trupp war der Kompanie zugeteilt, die von Osten her am Bach entlang in den Ort eindringen musste. Voraus ein Sturmgeschütz. Einige Jäger und ich mit meinen 2 Funkern setzten uns auf das Sturmgeschütz, um nicht laufen zu müssen. Kurz vor den ersten Häusern kam das Sturmgeschütz in ein Sumpfloch und konnte nicht mehr vor und zurück. Wir stiegen ab, das Sturmgeschütz blieb liegen und nun ging es zu Fuß mit der angreifenden Kompanie auf die Russenhäuser zu. Noch war kein Schuss auf uns gefallen. Die Russen hatten sich in der großen Masse in den Häusern verschanzt. Ganz vorsichtig gingen wir nun auf die Häuser zu, um keine Überraschung zu erleben. In der Zwischenzeit hatten wir gelernt, dass die Russen immer für eine Überraschung gut waren. Durch die Mitte des Ortes führte eine breite Straße, die wir von Ost nach West angriffen. Aus den Häusern links von uns kamen nun die ersten

Rotarmisten, die die Jäger herausgeholt hatten. Am meisten hatte ihnen der Hunger die Widerstandskraft gebrochen. Plötzlich bekamen wir MG Feuer von der Straße etwa 200 m vor uns. Zwei Jäger wurden verwundet. Schnell lagen wir fest am Boden und beobachteten. Ich wollte gerade mein Funkgerät aufbauen, als plötzlich ein russisches Maschinengewehr von halb rechts einen ganzen Patronengurt von ca. 250 Schuss auf uns abfeuerte, ohne jedoch einen Schaden anzurichten. Wir sahen ein, dass wir da nicht bleiben konnten und krochen in den Straßengraben zurück. Mein damaliger VB Führer war Leutnant Heinz Kreß. Zurück zum Kampfgeschehen. Um 6 Uhr abends traten wir an und mussten nach dem ersten Feuerwechsel erkennen, dass die große Masse der Russen nicht bereit war, sich kampflos zu ergeben. Unser Leutnant und wir Funker lenkten das Feuer der Gebirgsgeschütze auf erkannte Feindziele und die Jäger gingen mit Leuchtspurmunition und Handgranaten gegen die besetzten Häuser vor. Zur gleichen Zeit waren auch alle anderen Kompanien und Regimenter zum Angriff auf den Ort angetreten. Die Russen wehrten sich ohne Rücksicht auf ihre großen Verluste und gaben nicht auf. Sie hatten Befehl, aus dem Kessel auszubrechen und gegen den Morgen des 7. August fanden sie ein Loch nördlich von uns und wälzten sich dicht gedrängt in Richtung Osten auf einen Fluss zu. Die Hoffnung, aus der deutschen Umklammerung entkommen zu sein, schlug bald in Enttäuschung um. Das ostseitige Ufer des Flusses war bereits in deutscher Hand und schickte den anrennenden Russen ihre eisernen

Grüße entgegen. Die dichte Massierung der Russen und die Überraschung sorgten für ein Massensterben unserer Gegner. Am 7. August gegen Mittag war alles zu Ende. Rund 2000 Gefangene wurden in dem Ort gemacht und sehr viel Kriegsgerät erbeutet, anschließend bekamen wir 2 Ruhetage. In der Nacht nach dem zweiten Ruhetag kam uns gleich wieder zum Bewusstsein, dass wir nicht zu Besuch in Russland waren. Wenn wir nicht alles selber erlebt hätten, könnte man Zweifel bekommen, ob Menschen so etwas überhaupt durchhalten können. Es waren ja nicht ein paar Tage oder Wochen, sondern Monate und Jahre. Dann am Schluss noch die Gefangenschaft, bei manchen kurz, bei vielen lang, oft viele Jahre.

Weiter zum Fluss Dnepr

Nach dem zweiten Tag noch in der Nacht hieß es wieder: "Fertig machen und anmarschieren." Diesmal war die Richtung mehr südöstlich. Dort lag ein Industriegebiet. Der Name war Krywyi Rih[4]. Nach dessen Eroberung gab es täglich mit Nachhuttruppen der Russen Gefechte. Die Hauptmasse war bestrebt, über den großen Fluss Dnepr zu kommen und dort neue Abwehrstellungen zu besetzen. In der Zwischenzeit haben andere deutsche Truppen auf der Ostseite des Flusses Dnepr Brückenköpfe gebildet. Dadurch konnten unsere Panzerverbände am Ostufer die Russen am Festsetzen hindern. Unsere Pioniere bauten eine Kriegsbrücke über den Fluss, der dort teilweise bis zu 2 km breit ist. Am 8. September gingen wir über diese Brücke und befanden uns nun in der nogaischen Steppe[5] nördlich vom Asowschen Meer. Der Ort, in dessen Nähe die Brücke gebaut wurde, hieß Berislaw. Die Umstände und Schwierigkeiten, unter dem so ein Brückenbau zustande kommt, kann man in dem Buch: "Die Stammdivision" lesen. Wir einfachen Soldaten haben zwar nicht verstanden, warum zwei deutsche Divisionen, die für das Hochgebirge ausgebildet und bewaffnet waren, nun in der Steppe kämpfen mussten. Aber Befehl ist Befehl. Die größte Sorge ist doch, wo soll man für 8 000 - 10 000 Mulis und Pferde das Wasser finden, das täglich gebraucht wird.

---

[4] Krywyi Rih: Industriegebiet, liegt heute in der Ukraine
[5] Nogaische Steppe bezeichnet das Steppengebiet zwischen Dnepr und Asowschen Meer

Da gab es schon schlimme Tage. Wenn mal solch ein Ziehbrunnen gefunden wurde, gab es deshalb noch keine Erlaubnis, daraus zu trinken, denn erst musste das Wasser untersucht werden, ob es nicht vergiftet war. Bis dies erledigt war, waren wir von der kämpfenden Truppe längst wieder anderswo. Die hinter uns nachkamen, waren da besser dran. Not macht erfinderisch, und so hatten wir bald einen Wasserersatz gefunden. In der Ukraine und noch weiter im Osten und Süden Russlands sahen wir von Horizont zu Horizont oft tagelang nichts als Getreide-, Kartoffel- und Tomatenfelder, dazwischen gab es auch mal ein Feld, in dem die Wassermelonen um diese Zeit reiften. Das war für uns ein Geschenk des Himmels. Jeder Mann, ob Schütze, Funker oder Offizier trug eine Wassermelone unter dem Arm. Wenn es dann Nacht wurde, konnten wir, wenn auch nicht immer, mit der Feldküche rechnen. Aber auch diese Männer hatten ihre Sorgen. Sie mussten täglich den Hunger und Durst einer Kompanie stillen. Im September 1941 waren wir bereits längst nicht mehr vollzählig. Die kämpfende Truppe der 1. Gebirgsdivision hatte um diese Zeit von den Männern des ersten Tages je nach Kampfschicksal nur noch 25 bis 30 % der Sollstärke vom 22.06.1941. Es kam immer wieder Nachersatz, aber bis Ostern 1942 fehlten immer noch bei der ersten Gebirgsdivision, laut Angabe vom General Konrad, 50 Offiziere und rund 4 500 Unteroffiziere und Mannschaften. Zurück zum Vormarsch im Herbst 1941. Täglich sahen wir den Tod, aber er hatte nichts Schreckliches mehr an sich. Bei vielen kam vorher noch der

Schmerz und die Angst, aber der Tod konnte auch human sein, wenn er lautlos einen unserer Kameraden berührte. Bisher war das Wetter noch schön, aber schon herbstlich. Nachts gruben wir unsere Löcher nicht nur wegen des Beschusses tiefer, sondern weil es da wärmer war.

Der Panzergraben bei Timoschewka

Am 19. September standen wir überraschend vor einem großen, aber noch nicht ganz fertigen Panzergraben. Rund 3 - 6 km dahinter eine Stadt Timoschewka. Den Panzergraben nahmen wir noch im Sturm und es ging noch einige 100 m weiter, dann war großer Stopp. Vor unserer Division lagen 3 russische Divisionen mit schwerster Artillerie. Hier hatten wir sehr viele Tote und Verwundete zu beklagen, die man nur nachts zurückbringen konnte. Tagsüber war es unmöglich. Drei Tage und Nächte lagen wir dort und hatten Mühe mit unserer Verteidigung. Mein VB Leutnant und VB Melder sind auch dort gefallen. Der Leutnant hieß Schreff. Den Namen des Melders habe ich vergessen. Er war erst kurz bei uns als Nachersatz. Er stammte aus einer Familie aus Mannheim und war der einzige Sohn. In der 4. Nacht wurden wir von einer rumänischen Gebirgsdivision abgelöst. Wir wurden aus der Front herausgezogen und nach Süden in Marsch gesetzt.

Weitermarsch zur Krim

Unser neuer Auftrag war, die Krim zu erobern. Die Rumänen sollten die Stellung am Panzergraben halten und wir wünschten ihnen viel Glück. Die Nacht der Ablösung war für uns schon ohne Schlaf. Dann im Morgengrauen, zurückgehen und uns rund 10 - 15 km hinter der Front sammeln. Auch mussten noch alle Verwundeten in die Lazarette gebracht, die Toten gesammelt und beerdigt werden. Der Plan der Ablösung war so gedacht, dass wir Funker als letzte die Stellung bei den Rumänen verlassen durften. Hier muss ich noch einfügen, dass am Panzergraben der Franzlbauer Pepi aus Stampfing / Gemeinde Otterskirchen, gefallen ist. Er war bei den Granatwerfern, 14. Kompanie vom Gebirgsjägerregiment 99, Standort Füssen-Sonthofen. Ich hab den Pepi am 14.07.41 vor der Stalinlinie mal kurz getroffen. Nun weiter zu unserer Ablösung. Als ich mit meinen zwei Funkern endlich zurückgehen durfte, war es nicht mehr weit bis zur Morgendämmerung. Weit und breit sahen wir keine Kameraden mehr von uns. Die hatten doch schon 3 - 4 Stunden Vorsprung. Ohne Kompass liefen wir einfach nach Westen in die Richtung wo wir vor 4 Tagen angegriffen haben. Hungrig, die Augen voller Schlaf, mit 2 Funkkästen und 3 Rucksäcken auf dem Buckel, liefen wir los. In dieser Steppe nördlich des Asowschen Meeres, wo der Unterschied zur Meereshöhe nur 50 - 100 m aufweist und von Horizont zu Horizont kein Orientierungspunkt zu sehen war, hatten wir uns zu weit nach links orientiert und kamen wieder näher an die Front. Endlich sahen wir Soldaten, die mit ihren Geschützen gegen Osten schossen. Es konnten also nach unserer Meinung keine Russen sein. Als wir näher kamen, stellte sich heraus, dass es eine kroatische Brigade war, die neben uns eingesetzt war. Dort erfuhren wir, wo wir die 1. Gebirgsdivision finden können. Also nochmals alle Kräfte mobilisieren, obwohl uns der Hunger und Durst schon schwach werden ließ. Nach circa 2 km ein paar Russenhäuser, davor ein LKW und einige Flak-Geschütze mit Besatzung. Wir waren wieder daheim. Nun konnten wir auch unsere Einheit erfahren. Ich klopfte an die Tür. Ein Hauptmann öffnete und fragte, was ich will. Im Zimmer stand in der Mitte ein Tisch, darauf ausgebreitete Landkarten. Um den Tisch standen so rund 10 höhere Offiziere und unser General Lanz in der Mitte. Ich machte sofort Meldung, dass ich von der Ablösungsfront komme und mich verlaufen habe. Auf Befehl vom General musste mir ein Oberleutnant den Weg zu meiner Einheit genau beschreiben. Ich meldete mich ab und nach einer guten halben Stunde hatten wir tot müde unsere Truppe erreicht. Nun kam die große Enttäuschung für uns drei. Von der Feldküche erhielten wir noch schnell Brot, Wurst und Tee und gleich kam das Kommando: "Anmarschieren Richtung Krim". Schnell kam die Nacht, und wie schon lange und oft gewohnt, setzten wir halb wach, halb im Schlaf einen Fuß vor den anderen bis Mitternacht. Dann hieß es 2 Stunden Rast, aber mehr wegen der Mulis und Pferde. Wir schliefen sofort ein, wo wir uns hingesetzt hatten. 2 Stunden später. Die Trillerpfeife trat in Aktion. Aufstehen und weitermarschieren bis früh um 7 Uhr. Gleich nach dem "Halt" gab es Frühstück und Kaffee und dann rein in den Straßengraben. Ein traumloser Schlaf trug uns fort und ließ uns alles vergessen. Leider dauerte die Wohltat nur rund 3 Stunden. Ein Meldefahrer mit seiner BMW brauste an. Die Meldung lautete: "Sofort alles kehrt machen und wieder zurückmarschieren, rund 50 km." Der Grund war folgender.

Zurück zum Panzergraben bei Timoschewka

Am 1. Tag, als die Rumänen allein in unserer alten Stellung in den Panzergräben waren, griff der Russe an und brach auf Anhieb durch. Die Rumänen waren nicht fähig, dem Druck der Russen standzuhalten. Nun wurden wir wieder gebraucht. Wir mussten die Russen stoppen und wieder zurückdrängen. Was ich hier mit ein paar Zeilen zu schildern versuche, geht im Erlebten dieser Tage für Menschen von heute weit über das Vorstellbare hinaus. Im Russlandfeldzug gab es Tage, da würde das Erlebte ein halbes Buch füllen. Man muss uns schon verzeihen, wenn wir eine Wut auf die Rumänen hatten und manches Schimpfwort zu hören war. Wir griffen die durchgebrochenen Russen an und warfen sie zurück. Das waren schon harte Tage für uns. Es war so Ende September und die Zwetschgen waren auch in Russland reif. Bei einem längeren Halt machten wir Funker eine kleine Feuerstelle und kochten uns einen Reisbrei mit Wasser und Zwetschgenmus. Als wir zu essen anfingen, zog gerade das zweite Bataillon vom Gebirgsjägerregiment 98 vorbei. Zufällig sah ich den Kehrer Sepp aus meiner Heimat. Wir begrüßten uns sehr freudig und ich gab dem Sepp einiges von meinem Gekochten in sein Essgeschirr. Er musste ja gleich weiter mit seiner 9. Kompanie, bei der er Sanitäter war. Am nächsten Tag sah ich ihn nochmals nach einem Gefecht, als er gerade einem Kameraden am Boden liegend, die von einem Schuss verletzte Hauptschlagader am Oberschenkel verband. Anmerkung: Sepp ist am 9. Feb. 1989 auf seinem Bauernhof gestorben,

78 Jahre alt. Ich selbst hatte am selben Tag früh etwa gegen Mittag ein besonderes Erlebnis. Das II. Bataillonsregiment 98, dem wir als VB zugeteilt waren, auch unserer Kamerad Hauptmann Reiß war mit dabei, ging langsam auf eine Heckenreihe zu und dort wegen Sichtschutz in Bereitstellung. Ich nahm Funkverbindung mit der Gegenstelle der Feuerstellung auf und hatte so meine Arbeit. Wir lagen schon eine Stunde da, dann diktierte mir Hauptmann Reiß noch eine Meldung, die ich erst verschlüsseln, und dann zur Gegenstelle mit Morsezeichen absetzen musste, also Tastverkehr. Das dauerte eine gewisse Zeit, und als mir die Gegenstelle den Empfang bestätigt hatte und ich die Kopfhörer abnahm, war in der Zwischenzeit das Bataillon zum Angriff nach Nordosten angetreten. Ich ging durch die Hecke, hörte zwar eine Mords-Schießerei, sah aber weder unsere Jäger noch russische Soldaten. Von meinem Platz aus zog sich das Gelände leicht abwärts bis zu einem Sonnenblumenfeld, in dem unsichtbar unsere Jäger lagen. Anschließend stieg das Gelände wieder leicht an, auch wieder nur 200 - 300 m, dann senkte sich der Hügel wieder nach Norden zu und dort lagen die Russen. Die Russen legten ihre ganze Feuerkraft in dieses Sonnenblumenfeld und innerhalb einer Viertelstunde hatten unsere Jäger 96 Mann an Toten und Verwundeten. Ich habe von diesem Gefecht nichts mitbekommen, denn ich war ja noch in der Heckenreihe mit meiner Funkerei beschäftigt. Als ich fertig war, bauten meine 2 Funker das Gerät ab und ich wollte sehen, in welche Richtung wir nun gehen müssen, um das Bataillon zu finden.

Ich lief ein paar 100 m nach links an der Hecke entlang, konnte aber nichts sehen. Als ich wieder zurückging, gab plötzlich mein rechter Fuß nach unten nach. Ich blieb stehen und schaute mir die Stelle an. In diesem Moment schob sich ein russischer Stahlhelm durch die Äste, die mit Gras bedeckt waren zur Seite und unter dem Helm war ein leibhaftiger Russe. Er schaute mich an und ich ihn. Ich bedeutete ihm, er soll aus dem Loch steigen. Sein Gewehr ließ er unten. Die Überraschung war so vollständig, dass ich nicht an meine Pistole dachte, um mich vor einer Hinterlist zu schützen. Nun stand er da und sagte in aller Ruhe: "Pan Zigarett!" Ich gab ihm eine aus meinem Vorrat aus der Gasmaskenbüchse. Die Gasmasken hatten wir längst beim Tross abgegeben, um für nützlichere Sachen Platz zu haben. Was soll ich mit dem Russen machen? Ich gab ihm mit Handzeichen zu verstehen und wies ihm in die Richtung, wo unsere Geschütze in Stellung waren. Ich glaube aber nicht, dass er dort hinging, sonst hätte ich von diesem Gefangenen gehört. Dann ging ich wieder zu meinen Funkgeräten und fand sie ganz verlassen vor. Meine 2 Funker waren nicht mehr zu finden, Nun stand ich da und überlegte, was zu tun sei. Die drei Kompanien lagen vorne im genannten Sonnenblumenfeld und hatten keine Verbindung zur Artillerie. Kurz entschlossen packte ich einen 55 Pfund schweren Funkkasten auf den Rücken, den anderen Kasten auf die Brust, den Rucksack auch noch über den Funkkasten auf dem Rücken, setzte den Stahlhelm auf und ging hinaus auf das freie Feld, das von den Russen gut einzusehen war. Vereinzelt gingen russische Granaten auf dem Feld nieder, aber ich hatte Glück. Ich ging ganz stur Richtung Sonnenblumenfeld, denn hinlegen konnte ich mich nicht mit der Last, die ich zu tragen hatte. Es ging alles, gut und kam unversehrt bei den Jägern an. Mein Chef, Hauptmann Reiß, war froh, als ich da war. Ich musste gleich das Gerät aufbauen und Verbindung zur Gegenstelle aufnehmen, was auch gut funktionierte. Ich musste alles im Liegen machen, denn die Russen schossen immer wieder mit MG über das Sonnenblumenfeld. Ich funkte Feuerkommandos zur Gegenstelle, denn so konnten wir das eigene Artilleriefeuer auf die Russen lenken. Dadurch bekamen wir wieder mehr Bewegungsfreiheit. Inzwischen wurde es Nacht und wir mussten die Toten und die Verwundeten sammeln. Ich trug mit einem Jäger einen Verwundeten, der ein faustgroßes Loch im Rücken hatte. Er stöhnte immerzu und als wir ihn am provisorischen Verbandsplatz hinlegten, war er schon tot. Wir fanden auch einzelne Teile von Toten; zum Beispiel einen Kopf oder ein Stück Bein, wo noch der Bergschuh am Fuß steckte.

Bildteil

Winterstellung am Mius Winter 1941/ 1942

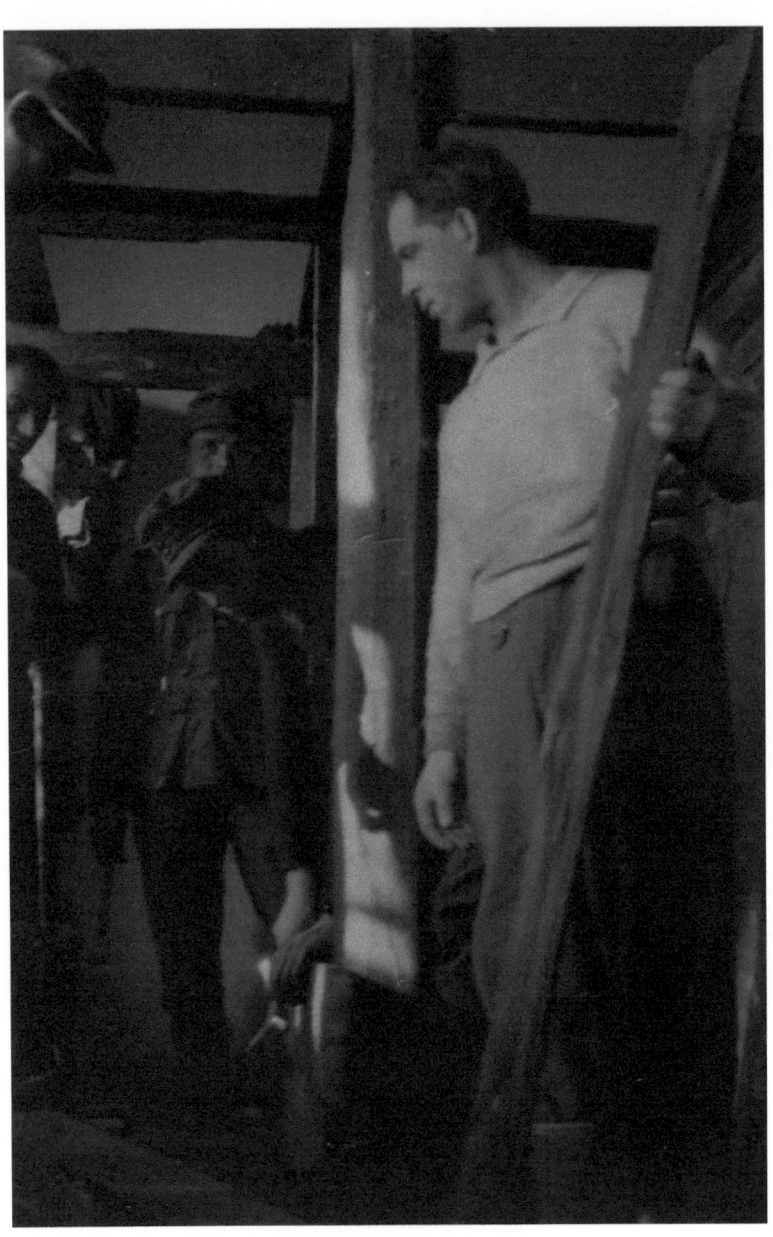

Bunkerbau tief in russischer Erde

Johann Kogler 1939 - 1945

Gegen Kriegsende - Einsatz in den Westalpen bei Bardonecchia

Klettern bei einem Einsatz in den Westalpen

Haus in der Slowakei 1940

Kaserne der Gebirgsjäger in Garmisch

Jagd auf Partisanen 1944, Grenzgebiet Frankreich/ Italien

Ssamarastellung Frühjahr 1942

In dem Morast der nogaischen Steppe Frühjahr 1942

Übergabe des Sturmabzeichens an mich durch Oberleutnant Reiss im Juli 1942 in der Nähe von Winniza

Übung im Raum Przemysl zu Pferde

Artilleriegeschütz der Gebirgstruppen

Rhöndorf bei Bonn

Polenfeldzug 1939 mit meinem Pferd

Quartier in der Nähe von Lyon

Gefangene Franzosen bei Aisne 1940

deutscher MG-Schütze

Polenfeldzug 1939 stehend auf Pferd

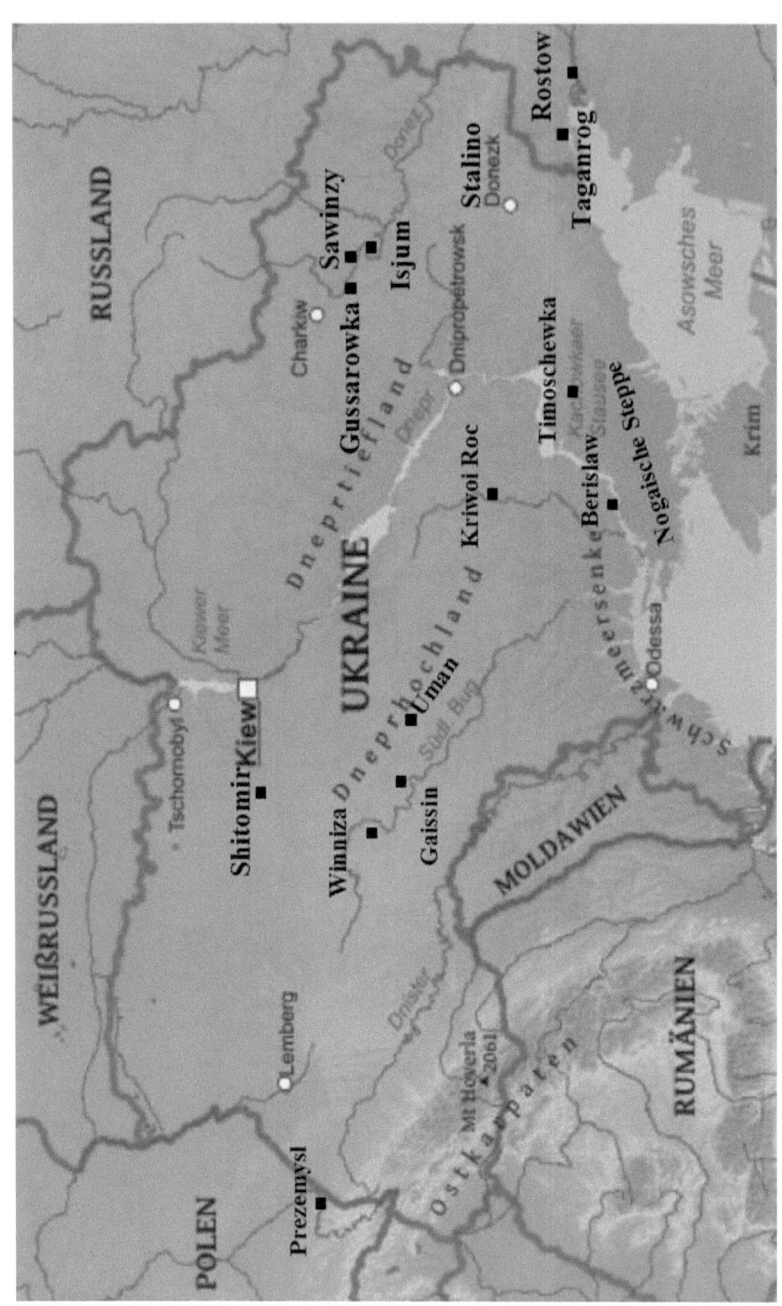

Russlandfeldzug 1941 - wichtige Einsatzorte

Das eiserne Kreuz - weiter nach Stalino

Es war ein grausamer Tag. Mein Chef sagte am Schluss zu mir: "Kogler, heute haben Sie sich das eiserne Kreuz verdient." Das Sturmabzeichen hatte ich ja schon im Juli bekommen, wenn ich gewusst hätte, dass meine 2 Funker unauffindbar sind, so hätte ich meinem Gefangenen Russen einen Funkkasten auf den Buckel geladen, damit ich nicht alles allein tragen musste. Wir starteten noch einen begrenzten Angriff, aber die Russen hatten sich schon wieder abgesetzt. Bei diesem Vorgehen erreichten wir noch eine Kolchose und dort blieben wir über Nacht. Ich musste von da aus noch einige verschlüsselte Meldungen durchtasten, dann war endlich Ruhe. Die Essenträger machten sich auf den Weg zu uns mit Mittag- und Abendessen, kamen aber nicht bei uns an. Sie stießen auf russische Vorposten und mussten schleunigst umkehren, damit sie nicht in Gefangenschaft gerieten. Die Russen deckten die Kolchose die Nacht über mit Stalinorgeln und Granatwerferfeuer ein. Wir hatten somit in dieser Nacht noch einmal 12 Tote zu beklagen. Am nächsten Tag ging der Angriff weiter und wir kamen gut voran. Durch unseren Druck setzten sich die Russen weiter nach Osten ab, denn rechts von uns stürmten 2 deutsche Panzerdivisionen am Schwarzen und Asowschen Meer entlang Richtung Rostow.

Gefechte bei Stalino und am Fluss Mius

Unsere Richtung zeigte auf die Industriestadt Stalino (heute Donezk) im Donezkgebiet. Ende Oktober 41 stellte die Aufklärung fest, dass sich der Feind im Raum Stalino auf dem Rückzug befindet. Am selben Tag stellte sich das Gebirgsjäger Regiment 98 zum Angriff auf die Stadt bereit. Dazu möchte ich wieder nur von meinem Funktrupp berichten. Die Nacht vor dem Angriff zogen die Jägerkompanien in einem Vorort von Stalino ins Quartier, denn es war schon ziemlich kalt. Die Häuser waren verlassen und so hatten wir genug Platz, um uns auszuruhen. Ich hatte noch einige verschlüsselte Funksprüche durchzutasten und am Schluss kam noch der Befehl zur stündlichen Verbindungsaufnahme. Also legte ich mich neben das Funkgerät, stellte es auf Empfang und mit aufgesetzten Kopfhörern schlief ich ein. Im tiefen Schlaf hörte ich mein Rufzeichen im Ohr und war, wie immer, sofort wach. Es tönte im Ohr. Sofort gab ich das Rufzeichen zurück und nach dem üblichen Frage- und Antwortspiel erhielt ich einen verschlüsselten Spruch mit der Meldung: "8.00 Uhr Früh Angriff auf die Stadt Stalino." Ich gab die Meldung an den VB Führer weiter und somit war alles klar. Die für die Nacht vereinbarten Verbindungsaufnahme-Zeiten wurden nicht beansprucht. Am nächsten Morgen sattelten wir die Pferde, verlasteten die Funkstation auf die Mulis und ritten los in Richtung Heizungswerk. Es war ja schon Ende Oktober und es herrschte ein so dichter Nebel, dass wir unsere Richtung verfehlten. Inzwischen war es längst 8.00 Uhr und wir irrten, ohne es zu wissen, in der Stadt umher. Was wir nicht wussten, war folgendes: Kurz vor 8.00 Uhr wollte unsere Gegenstelle mit uns Verbindung aufnehmen, um uns mitzuteilen, dass der Angriff auf 10.00 Uhr verschoben worden war. Aber um diese Zeit waren wir schon in der Stadt und suchten das Gebirgsjägerbataillon, dem wir für den Angriff zugeteilt waren. Inzwischen war es 10.00 Uhr geworden und ein sehr ungutes Gefühl stieg in uns hoch. Der VB Führer sagte, ich soll versuchen Funkverbindung zur Gegenstelle zu bekommen. Es war vergeblich. Mein Ruf in den Äther war umsonst, denn um diese Zeit war unsere Gegenstelle auch schon unterwegs. Inzwischen stieg der Nebel hoch und wir konnten unsere Umgebung beobachten. Plötzlich waren wir alle, ein Leutnant und sein berittener Pferdehalter Ott Benedikt aus dem Chiemgau und Staffelführer Rudolf Weimar von russischen Zivilisten umringt. Ich glaube, es war nur Neugier. Ich baute mein Funkgerät wieder ab, wobei der Leutnant zur Eile rief, denn ihm war nun klar geworden, dass wir uns verlaufen hatten. Also stiegen wir auf die Pferde und trabten zurück, wo wir hergekommen waren. Der Nebel war weg und wir konnten die Umgebung einsehen. Es ging eine gerade Straße einen Berg hinunter und auf dieser Straße kamen Soldaten in Angriffsabsicht und ausgeschwärmt und zu uns herauf. Sie beobachteten uns mit Ferngläsern und erkannten, dass wir Deutsche sind. Ebenfalls erkannten wir unsere Kameraden, die Gebirgsjäger. Nun wussten wir in welch gefährliche Lage wir uns begeben hatten. Wenn die Russen noch da gewesen wären, dann hätte dies unser Aus bedeutet. Glück muss man eben haben. Unsere Kameraden begrüßten uns mit Kopfschütteln. Nun machten wir kehrt und schlossen uns der Angriffskompagnie an. Die Funkstation mussten wir wieder selber tragen, denn beim Angriff mussten die Pferdehalter die Pferde und Mulis zurückbringen und hinterherführen. Als wir dann einen festgelegten Punkt in der Stadt Stalino ohne Widerstand erreicht hatten, kam der Befehl zum Halt. Entlang der großen Strasse von Süd nach Nord durch die Stadt war ab nun die HKL (= Hauptkampflinie). Diese Straße durfte niemand ohne Befehl überqueren. Nun wurde erst mal der besetzte Teil der Stadt nach Gegnern durchsucht und zur Besetzung vorbereitet. Zwei Tage blieben wir dort und es gab mal wieder Post und ein geregeltes Essen aus der Feldküche. In diesen zwei Tagen hatte ich ein besonderes Erlebnis. Wenn ein Ort erobert war und es die Zeit erlaubte, so suchten von jeder Jägergruppe oder Funktrupp ein oder zwei Männer nach etwas Essbarem. Das waren in Russland meist Butter, Mehl, Eier und Speck, um unseren Hunger, der nicht immer regelmäßig gestillt werden konnte, zu befriedigen. Obwohl die Hauptkampflinie nicht übertreten werden durfte, ging ich allein los, um in einem Haus über der HKL nach Essbarem für meine Funker zu suchen. Das Koppelzeug ließ ich in der Stellung, nur meine 08-Pistole steckte ich in die linke Hosentasche. Im Haus traf ich einen Mann in Zivilkleidung, dem ich mit Zeichen und ein paar Worten Russisch bedeutete, was ich möchte. Der Mann, so 1,80 - 1,90 m groß und stark, erklärte mir, ich soll in einer Stunde wieder kommen. Ich ging wieder zurück, wartete die Stunde ab und ging dann wieder in das Haus. Der Russe bedeutete mir, ich soll über eine Treppe in das erste Obergeschoß gehen. Ahnungslos betrat ich ein großes Zimmer, ohne irgendein Mobiliar, gut 60 Quadratmeter groß. Ich ging zu einem der 6 Fenster und sah mir die Umgebung an. Als er dann hereinkam drehte ich mich um und zu meinem Erstaunen sah ich, dass durch eine zweite Tür noch so ein großer Russe hereinkam. Beide machten ihre Türe zu, drehten den Schlüssel um und zogen ihn ab. Ich bemerkte noch ein verkniffenes Lachen auf beiden Gesichtern. Aber meine Reaktion kam wie der Blitz. Ich fragte nicht mehr lange nach Butter und Eiern, sondern entsicherte noch in der Hosentasche meine 08-Pistole, riss sie hoch und zielte abwechselnd auf beide. Nun war die Überraschung bei den Russen. Ich schrie sie an und bedeutete, die Tür zu öffnen. Durch meine deutliche Aufforderung hoben beide ihre Hände hoch. Dann sperrte der erste die Tür auf und schon stiegen wir die Treppe hinunter. Vorne die zwei Russen und ich, mit der Pistole im Anschlag hinterher. Als wir dann im Freien waren und ich so rund 100 m weg einige Gebirgsjäger sah, drehte ich mich um und lief hinüber. Die zwei Russen verschwanden um das Haus. Erst hinterher merkte ich, in welch schreckliche Lage ich mich begeben hatte. Damals, wussten wir noch nichts, oder sehr wenig über solche Begebenheiten. Erst als der Krieg zu Ende war, kam so manche traurige Geschichte an den Tag. Die Russen rühmten sich als erste nach dem Krieg, dass sie mindestens 500 00 deutsche Soldaten und auch Zivilisten hinterrücks umgebracht hatten. So landeten viele Soldaten, die einzeln oder in kleinen Gruppen unterwegs, von russischen Partisanen umgebracht und dann in eine Abortgrube geworfen wurden, an einem schrecklichen Ort. Wenn ich heute mal daran denke, läuft mir immer noch ein eisiger Schauer über meinen Rücken. Zu diesem Bericht muss ich aber noch sagen, warum die Überraschung auf meiner Seite war. Ich schrieb, dass ich ohne Koppel in das Haus ging, aber die Pistole steckte ich in die linke Hosentasche, weil ich Linkshänder bin. An der rechten Hand, die ich frei fingen ließ, konnten die Russen annehmen, dass ich waffenlos bin. Darin lag dann die Überraschung und sie konnten ihren Wunsch, einen Germanski leicht umzubringen, nicht erfüllen. So leichtsinnig soll man halt nicht sein und lieber ein paar Kameraden mitnehmen. Das nächste Ziel unserer Division war die rund 15 km östlich von Stalino gelegene Stadt Makijiwka. Die Russen waren noch immer auf dem Rückzug und wir dicht hinterher. Bis kurz vor dem Fluss Mius. Hier war nun wieder Krieg unter Einsatz aller Kräfte mit einem wieder gestärkten Gegner. Der Nachschubweg für die Russen wurde immer kürzer und unser Nachschubweg immer länger und risikoreicher. Dazu merkten wir von Tag zu Tag mehr, dass bald ein zweiter Gegner unser Wollen sehr beeinträchtigte. Es wurde immer kälter und nachts fiel auch schon etwas Schnee. Wer keine Handschuhe hatte, musste schauen, dass er bei einem toten Russen welche finden konnte. Ich und die meisten von uns vorne hatten keinen Mantel, nur die Windjacke über der Feldbluse. Die Trosse mit dem Gepäck waren irgendwo, weit hinter der Front in Ortschaften einquartiert. Am 1. November wurde der Ort Dmitrijewka am Mius von uns genommen. Hier fiel dann auch wieder Schnee und der blieb liegen. Rechts von uns stießen zwei Panzerdivisionen am Asowschen Meer entlang bis nach Rostow vor und eroberten diese Stadt am unteren Don. Nun kam über Nacht ein strenger Frost Stalin zu Hilfe. Der große Fluss Don fror zu und nun hatten die Russen die Möglichkeit, an jeder Stelle über das Eis mit neuem Kriegsgerät und Massen von Soldaten aus Sibirien gegen uns anzutreten. Unsere Soldaten in Rostow wurden eines Morgens im Schlaf überrascht, als die Russen eine gewaltige Offensive eröffneten und Rostow zurückeroberten. Wer nicht schnell genug wegkam, war verloren. Es war der erste Rückzug in diesem Feldzug, so rund 50 - 60 km nach Taganrog. Auch wir hatten schwer mit den angreifenden Russen zu tun, konnten aber unsere Stellung vorwärts des Mius halten. Diese wechselvollen Kämpfe dauerten bis 5. Dezember 1941. Ab da zogen wir uns freiwillig auf das westliche Miusufer zurück und bauten dort die Winterstellung. Es war der große Halt für 1941. Wer nicht in der HKL sein musste, der konnte in den Russenhäusern schlafen. Der Frost hielt nun auch tagsüber an. Seit wir uns nun in Häusern zum Teil aufhalten konnten, kam eine neue Plage über uns "die Läuse".

Das Salminger Köpferl

Unser VB hatte seinen Platz auf dem Salminger-Köpferl. Das war eine Erhebung noch ostwärts des Mius, am linken Rand von Dmitrijewka. Salminger-Köpferl genannt nach dem Bataillionskommandanten vom dritten Batallionsregiment 98. Das Köpferl war übersät mit Felsblöcken bis zu einem Meter hoch. Dazwischen bauten wir unsere Stellung aus, damit das Funkgerät vor Infanteriebeschuss einigermaßen geschützt war. Die Jäger machten es mit ihren MGs auch so. Schlimm waren nur die russischen Granatwerfer mit ihrer elliptischen Flugbahn. Bei Tag war es bald nicht mehr möglich, abgelöst zu werden, denn die Russen hatten ihre Scharfschützen installiert und mit diesen war nicht zu spaßen. In der Zwischenzeit wurde hinter dem Mius die neue Winterstellung gebaut. Es wurden Löcher in die Erde gegraben und mit Holz und allem möglichen Zeug und wieder mit Erde abgedeckt. Es schützte nur ein wenig vor leichtem Beschuss. Um den 1. Dezember setzten sich nacheinander die Kompanien in die neue Stellung ab. Mein VB Trupp musste mit der 6. Kompanie auf dem Köpferl bleiben, bis sich die große Masse der Division abgesetzt hatte. Das waren noch schwere Tage, bis auch wir endlich das Köpferl verlassen durften. Die 6. Kompanie 98 hatte um diese Zeit eine Kopfstärke von 26 Mann auf dem Köpferl im Einsatz, denn ein anderer Teil dieser Kompanie war schon in der neuen Abwehrstellung hinter dem Mius mit dem Installieren der Winterstellung beschäftigt. Die Funkwache auf dem Köpferl teilte ich mit meinen 2

Funkern folgendermaßen ein. Im 6-Stunden-Rhythmus war ich von 6 Uhr früh bis Mittag und von 6 Uhr abends bis Mitternacht auf dem Köpferl und hielt Funkwache. Die andere Zeit waren meine 2 Funker dran. In der Freizeit hielten wir uns in einigen Häusern am Fuße des Köpferls auf und schliefen auch dort. Gleich am 1. Tag erfuhr ich, dass mein Schulkamerad Lideck Michl aus Geißhofen bei der 6. Kompanie als Sanitäter eingeteilt war. Als ich mal unten im Quartier war, ging ich zum Kompanieführer, einem Leutnant, und fragte, wo sich der Sanitäter Lideck aufhält. Wörtlich sagte der Leutnant zu mir: "Der Sanitäter Lideck war mein bester und letzter Sanitäter." Er kam heute in ein Lazarett zurück. Ob Krankheit oder Verwundung, weiß ich nicht mehr. Am 5. Dezember, es war noch stockfinster und ich schlief in einer Russenhütte, sprang ein Melder zur Tür herein und rief: "Funktruppführer Kogler sofort nach oben zum Köpferl. Die Russen griffen an und die Funker bringen keine Verbindung zum Geschütz hinter Dimitryjewka zustande. Auch ich hörte nun die Schießerei und die Russen schossen schon mit MGs auf unsere Häuser und dabei flogen schon Kugeln zum Fenster herein. Ich musste die Bergschuhe im Liegen anziehen. Schnell wie gewohnt war ich fertig und wir krochen aus dem Haus und liefen westlich am Hang zum Köpferl. Alles war in höchster Spannung. Meine langjährige Erfahrung im Funkverkehr ließ mich auch hier nicht im Stich. Schnell hatte ich die Verbindung zum Geschütz hergestellt. Ich gab die Feuerkommandos, obwohl verboten, einfach im

Klartext durch und gleich darauf flogen die Granaten auf die angreifenden Russen. Nach einer halben Stunde war die Gefahr vorüber. Anscheinend hatten wir die Gegner überzeugt, dass wir uns noch wehren können. Als es dann Tag wurde, fühlten wir uns wieder sicherer, weil wir wieder einen Überblick über das Gelände hatten. Für die kommende Nacht hatten wir aber schon Bedenken um unsere Sicherheit. Am 5. Dezember hatte sich schein der Großteil unserer Division in die neue Stellung westlich des Flusses Mius abgesetzt und wir, als Nachhut, hatten. den Auftrag, die Russen möglichst lange von unserem Vorhaben in Unkenntnis zu lassen. Wir waren ein verlorenes Häuflein. Verdreckt, verlaust und hungrig hockten wir in unseren Löchern bei -10 Grad nachts und -5 Grad bei Tag. Gegen Mittag, den 5. Dezember, musste ich verschlüsselt anfragen, ob wir uns heute absetzen dürfen. Antwort: "Nein." Nach einer späteren wiederholten Anfrage mit genauem Lagebericht kam endlich die Meldung, dass wir uns bei einbrechender Dunkelheit absetzen dürfen. Wir konnten es kaum mehr erwarten, bis es Nacht würde und die Jäger verschossen zum Abschied noch eine Menge Munition auf die gegnerische Stellung, aber mehr aus dem Grunde, damit sie nicht alles mit zurückschleppen mussten. Der Weg bis zur neuen Stellung betrug gute 15 km, seitlich rückwärts. Der Rückzug ging ohne Hindernisse vonstatten. Den Rest der Nacht verbrachten wir ca. 1 km hinter der neuen Front, aber schon am nächsten Tag mussten wir wieder in die neue HKL, wo wir einen Erdbunker zugewiesen bekamen. Wir waren eben schon zu wenige geworden, darum gab es sehr wenige Tage, wo wir ungestört in einem Ruhequartier schlafen konnten. Weihnachten war nicht mehr weit und die Vorfreude auf einen Brief oder vielleicht ein Päckchen war groß. Der Winter hatte nun vollkommen seine ganze Macht über die russische Landschaft ausgebreitet und war für uns als neuer Gegner erstanden. Täglich mussten Kameraden wegen Erfrierungen in die Lazarette eingeliefert werden. Wenn wir oft stundenlang in einem Erdloch lagen, mussten wir ständig die Füße bewegen, um sie einigermaßen warm zu halten. Es sollen auch einige absichtlich ihre Zehen erfrieren lassen haben, um in ein Lazarett zu kommen.

Aber das waren Gerüchte, die ich nicht bestätigen kann. Unsere Stellung war leicht hügelig. An der oberen Kante war die HKL und am Hang standen ein paar alte Häuschen mit nur einem Raum. Notdürftig ein kleiner Kanonenofen, der aber nur die Minusgrade abwehren konnte. Darin schlief eine Gruppe Jäger und ich mit meinen zwei Funkern. Weil die Front um diese Zeit etwas ruhig war, wurde Funkstille angeordnet und zur Verbindung nach rückwärts waren Kabelleitungen gelegt mit Feldfernsprechern. Unser Horchposten in einem kleinen Loch am Vorderhang, der bei Tageslicht von den Russen gut einzusehen war, war nur bei Nacht besetzt. Meine Aufgabe war, wenn es dunkel wurde, von dem Loch vorne anzurufen, ob die Telefonverbindung nach rückwärts in Ordnung ist. Die Russen hatten genau wie wir immer noch mit primitivem Stellungsbau zu tun. Und weil es mal ganz friedlich war, ging ich gleich nach Mittag zum Vorpostenloch, um die Leitung zu prüfen. Plötzlich ein Rauschen über meinem Kopf und hinterher das Rattern von einem russischen Maschinengewehr. Ich machte mich ganz flach, wie ein Frosch lag ich am Vorderhang, so 10 Meter vom Kamm des Hügels entfernt. Die Kugeln gingen haarscharf über meinen Kopf und wühlten die Erde auf. Was man dabei denkt, weiß ich nicht mehr. So 250 Schuss kann so ein MG in einem Zug verfeuern. Als ungefähr die Hälfte verschossen war, hielt er inne und dachte, dass nun wieder einer von den Germanskis weniger ist. Ich wusste genau, was sich da drüben nun abspielt. Sie beobachten mich, um gleich wieder loszuballern, wenn ich mich noch bewege. Nun hatte ich wieder Hoffnung, lebend da wegzukommen. Ich rührte mich nicht und überlegte, wie ich es nun anstellen muss, um meinen Gegner zu überlisten. Am besten erst mal liegen bleiben, je länger desto besser. Das gab dem Russen die Gewissheit, dass ich getroffen bin. Nach einer Viertelstunde suchte ich mit den Füßen einen festen Halt zum Start und mit den Fingern krallte ich mich ganz unauffällig in der Erde fest. Dann, mit einem Ruck sprang ich hoch, ein paar Meter nach rechts und noch ein paar Sprünge und ließ mich über den Kamm fallen. Mein Gegner drückte sofort wieder auf den Abzug und ließ den Rest vom Patronengurt auf mich los. Er hatte aber mein Vorhaben eine Sekunde zu spät erkannt. Wieder in Sicherheit, ging ich zu unserem Häuschen zum Aufwärmen. Die Feldküche kam meistens schon bei Tagesanbruch und da gab es dann Kaffee, Brot, auch das

Mittag- und Abendessen wurde ausgegeben. Am nächsten Morgen, so um 4.00 Uhr, ging ich auf Kontrollgang zu unserem Vorpostenloch, fand alles in Ordnung und machte mich gleich wieder auf den Rückweg, denn es war saukalt. Der Mond erhellte die Umgebung und es herrschte eine Stille, wie im tiefsten Frieden. An der Hütte angekommen, schlüpfte ich durch die niedere Tür in unser Quartier. Am Boden lagen zehn Jäger und meine zwei Funker und schnarchten drauf los. Ich stieg über alle hinweg bis zum Ende des Raumes, nahm die Koppel ab und wollte mich gerade hinlegen, als noch mal die Tür aufging und ein langer Russe mit einem Gewehr in der Hand trat zu uns herein. Wenn der gewollt hätte, dann hätte er uns alle zusammen mit einer Handgranate erledigen können. Scheinbar habt ihr genug von dem totmachenden Krieg. Das Gewehr stellte er an die Wand, nahm seinen Rucksack ab und holte eine ganz neue Uniform heraus, zog die alte, dreckige aus und die neue an. Die alte legte er schön zusammen und gab sie mir in die Hände. Was soll ich damit? Ich war froh, dass er keine anderen Absichten hatte. Dann legte er sich neben mich auf das Stroh und wir sanken, so wie die Kameraden, in den Schlaf. So um 8.00 Uhr kam die Feldküche. Wir fassten unsere Verpflegung für den neuen Tag, auch der Russe bekam seinen Teil und dann schickten wir ihn mit der Feldküche zurück. Was wird er noch alles in Gefangenschaft erlebt haben! Als endlich das Weihnachtsfest kam, waren wir schon wieder einer anderen Frontstelle zugeteilt. Am Heiligen Abend sollte ich abgelöst werden. Darum packte ich schon am

Nachmittag meine sieben Sachen und als es dämmerte, machte ich mich auf den Weg rund 11 km rückwärts zu einem Russenhaus, in dem die Nachrichtler untergebracht waren. Der Abschnitt war zwar noch Hauptkampflinie, aber man konnte dort in Ruhe den Fernsprechdienst verrichten und man konnte sich hinter dem Haus mal die Füße vertreten. Wenn man nicht eingeteilt war, konnten wir uns auf das Stroh am Fußboden legen und schlafen. Für uns war es trotz allem eine Erholung. Am nächsten Tag erhielten wir alle an der Front eine Meldung der Division. Darin wurde uns mitgeteilt, dass die Russen zu Weihnachten einen Angriff auf unsere Stellung machen wollen. Es hieß höchste Wachsamkeit. Wieder in der HKL angekommen, meinten die Jäger: "Hat es dir hinten nicht gefallen, weil du nach vier Stunden schon wieder vorne ankommst?" Auch so was gibt es im Krieg. Die Russen griffen tatsächlich am 1. Weihnachtsfeiertag an. Noch in der Dämmerung kamen sie durch den Schnee stapfend auf unsere Stellung zu. Es war eine starke Kompanie, ca. 100 Mann. Hatten aber Pech, denn was sie geglaubt hatten, dass wir den heiligen Abend mit Wein und Schnaps in unseren Erdlöchern feiern und dann leicht zu überfallen wären, ging nicht auf. Wir hatten weder Wein noch Schnaps und waren voll auf dem Posten. Wir lagen überhöht am Hang und ließen sie ruhig näher kommen, um ihnen dann mit geballter Kraft unsere Weihnachtsgrüße entgegenzuschicken. Nach ein paar Feuerstößen lagen alle Russen im tiefen Schnee. Eine Zeitlang beobachteten wir und als sich nach einer

Stunde noch nichts rührte, ging eine Jägergruppe mit 10 Mann vor, um nachzusehen. 32 Russen waren tot, einige verwundet und ein großer Teil unverletzt. Jeder einzelne Mann musste umgedreht werde. Denn die lebenden stellten sich auch tot und wollten warten bis zur Nacht, um wieder Zurück gehen zu können. Nun war es vorbei.

Winter 1941/1942 am Mius

Die Toten blieben liegen und die anderen mussten sich in unsere HKL bemühen. Anschließend wurden sie als Gefangene nach rückwärts gebracht. Dis Gefangenen sagten auch aus, dass ihre Vorgesetzten glaubten, die Germanskis sind zum Fest alle betrunken und sie brauchen uns bloß abholen. Die Russen feiern ja Weihnachten etwas später, mit Neujahr zusammen. Nach dem Fest kam der Winter erst richtig in unsere Gegend. An Silvester wurden wir dann doch abgelöst und kamen so rund 10 km rückwärts in Quartiere mit Zimmern und Öfen. Aber das Thermometer sank immer tiefer und ums neue Jahr herum hatten wir bis zu -50° Grad. Der Krieg stand einige Tage ganz still, weil sogar die Maschinengewehre einfroren. Wir erlebten dann den gefürchteten Buran in diesem riesigen Land. Darüber haben Dichter vor hundert Jahren schon geschrieben. Erst Mitte Januar 1942 ließ die strenge Kälte nach. In diesen Tagen kam es nur mehr darauf an, die, Verpflegung für die Truppe zu sichern und zwar auf beiden Seiten. Hier zeigten sich die Russen uns gegenüber überlegen. Je primitiver, desto besser das Überleben. Das Brot im Brotbeutel gefror zu einem Stein. Die Russen hatten in den Hosen und Manteltaschen Sonnenblumenkerne und daran kauten sie Tag und Nacht. Das hielt sie gesund. Nur in den Erdlöchern waren wir vor dem Frost einigermaßen sicher. Die weiter rückwärts lagen, hatten es besser, denn sie konnten in den Russenhütten, soweit vorhanden, Feuer machen. Die Stellungen im Freien waren jeden Tag so zugeschneit, dass man sie nicht mehr sehen konnte. Es wurden dann Schilder in den Schnee gesteckt mit Entfernung und Richtungsangabe. Auf solch einen Winter waren wir Deutsche nicht vorbereitet. Die Heimat war zwar bestrebt, alles Mögliche an Wäsche, Pullovern, Handschuhen, Socken und Filzstiefeln zu schicken aber, wenn die Verteilung schon weit hinten beginnt, bleibt für die Frontschweine nicht mehr soviel, wie benötigt. Nicht jeder Mann bekam das, was er haben sollte. Die Anstrengung zur besseren Versorgung lief zwar an, aber so eine lange Front vom Asowschen Meer bis zur Fischerhalbinsel ganz im Norden bei der Mitternachtssonne, wer sollte das bewältigen? Wie viel Selbstdisziplin musste beim deutschen Soldaten vorhanden sein, um nicht zu verzagen. Ende Januar 1942 brach der Russe, nachdem er an vielen Stellen die deutsche Abwehr durch Kleinunternehmungen erkundet hatte, so rund 100 km nördlich von unserer 1. Gebirgsdivision, bei den dort liegenden italienischen Gebirgstruppen, durch. Der Stoß, kam aus Richtung Charkow und zielte auf Dnipropetrowsk. Das war unsere Nachschublinie für die Südfront. Es gab ein Hin und Her in diesem Abschnitt mitten im strengen Winter, bis die Russen gestoppt werden konnten. Die Russen waren für solch einen Kampf im tiefen Schnee und Minusgraden bis -25° Celsius besser bekleidet und erfahrener als wir. Am 13. Februar 1942 kam der Befehl zur 1. Gebirgsdivision. Wir wurden aus de Miusstellung herausgezogen, auf LKW und Eisenbahn verladen und zurückgeführt in das Einbruchsgebiet der Russen. Das waren schwere Tage, bis wir das

Gebiet erreicht hatten. Woher die Russen wussten, dass wir aus der Miusfront herausgezogen werden, entzieht sich meiner Kenntnis. Auf alle Fälle haben sie sich am 13. Februar der Funk verabschiedet und lobten uns als tapfere deutsche Soldaten, die fair gekämpft haben und wünschten uns ein Wiedersehen in der neuen Stellung. Verrat gibt es halt überall. Nach zwei Tagen war es dann wieder soweit. Die Russen wurden zurückgedrängt, aber nicht bis zur alten Winterstellung, dazu reichte die Kraft noch nicht.

Stellungskrieg an der Ssamara

Ssamara heißt der Fluss, wo nun unsere Front festlag. Wir mussten uns nun von neuem an der ukrainischen Erde festkrallen, denn der Boden war so tief gefroren, dass man kein Loch graben konnte. Damals wurde uns auch klar, warum die verstorbenen Dorfbewohner oft Wochen oder Monate in einer Kiste oder im Stadel lagen. Mitten im Winter irgendwo eine neue Abwehrstellung einzurichten,
war für die Russen genauso schwer wie für uns. Es wurden Schneemauern gebaut. Die Front wurde wieder ruhiger, denn die Gegner mussten einsehen, dass sie mit uns kein leichtes Spiel hatten. Unsere Stellung lag auch hier auf einem Hügel und unten am Fluss war eine Ortschaft mit rund zehn Häusern. Dort richteten wir uns alle häuslich ein, nur die Sicherungsposten standen oben. Genauso machten es die Russen. Es herrschte nun wieder normaler Krieg mit gegenseitiger Beschießung mit Artillerie, Granatwerfer und MG. Das zog sich dann hin bis Ostern 1942 und am Ostermontagabend 21.00 Uhr, es war stockfinster, machten die Russen einen begrenzten Nachtangriff auf unseren Abschnitt. Unsere Posten merkten aber gerade noch diese Absicht und schlugen Alarm. Bis auf 5 Meter waren sie schon an unsere Posten heran gekrochen. Aber da kam schon der Gegenstoß von uns. Wir lösten unser Sperrfeuer aus und die Jäger konnten mit MG und Handgranaten den Angriff abwehren. Die Russen zogen sich zurück und in der Eile ließen sie ihre Toten liegen. An der Ausrüstung der Toten konnten wir erkennen, dass sie an den

Durchbruch glaubten, denn sie hatten alles mit, was man für einen längeren Aufenthalt braucht. Kurz nach Ostern machten dann wir eines Nachts einen Erkundungsangriff auf den uns gegenüberliegenden Ort Barwinkowa, denn für Mitte Mai 1942 war die deutsche Frühjahrsoffensive geplant. Um Mitternacht traten wir an, mit rund 100 Mann Gebirgsjägern und ich mit meinen zwei Funkern. Bis zur russischen Vorpostenstellung ging alles ohne Hindernisse. Als wir aber bemerkt wurden, bekamen wir von den Russen Feuer aus Handwaffen. Schnell lagen wir alle am Boden, aber sofort kam das Kommando: "Auf, Marsch, Marsch!" und mit Hurra-Gebrüll aus allen Kehlen sprangen wir auf und über die russischen Schützengräben und stürmten auf die Häuser zu. Wir haben die Russen sehr erschreckt, denn sie dachten nicht mehr an Gegenwehr und liefen, halb angezogen, nach rückwärts davon. Wir blieben eine gute Stunde dort. Ich baute meine Funkstation auf und gab Feuerkommandos durch. Das Gerät hatte ich im Finstern auf einem Misthaufen aufgebaut. Gut, dass alles gefroren war. Die Jäger schauten sich die Häuser an. Der Russe verlor 13 Gefangene und eine Kuh. Wir einen Toten und einen leicht Verwundeten. Gegen 3.00 Uhr waren wir wieder im Quartier und konnten den Schlaf nachholen.

Frühjahrsoffensive 1942

Es wurden die Vorbereitungen getroffen für die Frühjahrsoffensive 1942. Wir im Süden griffen im Rahmen der Heeresgruppe Süd Richtung Charkow an. Diese Schlacht, die bei uns am 17. Mai 1942 begann und dann mit der Vernichtung von drei russischen Armeen endete, war nach Aussagen der russischen Führung die blutigste Schlacht des zweiten Weltkrieges. Ebenso, die größte Niederlage der Russen im zweiten Weltkrieg. Unsere 1. Gebirgsdivision hatte bei diesem Kampf einen der schwierigsten Abschnitte zu halten und zu durchstoßen. Nachdem wieder Ordnung eingetreten war, wurden gleich wieder Vorbereitungen zur weiteren Offensive getroffen. Ab da gab es bei uns zwei Heeresgruppen A und B. Die Heeresgruppe B wurde Richtung Stalingrad angesetzt und die Heeresgruppe A, der auch die 1. und 4. Gebirgsdivision zugeteilt war, ging südlich Rostow Richtung Kaukasus vor. Wir haben dort die höchsten Gebirgskämpfe erlebt und es ist fast nicht mehr zu beschreiben, was jeder einzelne Mann zu leisten hatte. Einen nicht mehr gehfähigen Verwundeten dorthin zu bringen, wo er dann mit einem Sanitätsauto weiterbefördert werden konnte, dazu brauchte man 8 Träger und es dauerte oft zwei Tage. Vier Mann trugen ihn und die anderen vier liefen nebenher, um immer wieder die Träger abzulösen. Das dauerte bis in den November 1942 hinein. Zu dieser Zeit waren wir schon sehr zusammengeschmolzen und konnten schon wegen Nachschubmangel vom Gebirge aus nach Sochumi am Schwarzen Meer nicht durchstoßen. Im Herbst gab es täglich Regen mit Wolkenbrüchen, die jeden Bach zu einem reißenden Fluss werden ließen. Die Tragtiere hatten oft tagelang kein oder nur mangelhaft Futter und verendeten zu Hunderten. Auch bei den Mannschaften gab es Erschöpfungstote. Der Nachschub an Verpflegung und Munition über das große Gebirge kam nur mehr Tröpfchenweise und am Ende mussten wir uns wieder über das große Gebirge zurückziehen. Dadurch bekamen wir wieder Luft, weil unser Nachschubweg kürzer und der der Russen länger wurde. Ab dann kam der große Rückschlag durch den Verlust der 6. Armee in Stalingrad. Wie alles weiterging, das kann man in den Geschichtsbüchern lesen.

Heimaturlaub in Passau

Für mich kam ein neuer Abschnitt in meinem Leben. Ich wurde, lt. Führerbefehl, aus der Wehrmacht entlassen, weil wir 6 Brüder an der Front hatten. Ich hab dann als Maurer bis Frühjahr 1943 in Passau gearbeitet, bekam aber im Juli 1943 erneut einen Einberufungsbefehl zum Ersatztruppenteil nach Garmisch. Es war die Strafe dafür, weil ich mich geweigert habe, am Sonntag mit der Sammelbüchse von Haus zu Haus zu gehen. Vorher hatte ich mich öfter auf der Polizeistation in Otterskirchen zu melden und hatte unangenehme Vernehmungen zu überstehen. Am Schluss machten diese Herren kurzen Prozess und schickten mich wieder an die Front.

Zurück in den Krieg - die 8. Gebirgsdivision

Von Garmisch aus kam ich mit dem Nachschub nach Albertville in Frankreich und musste dort Rekruten, die sich als Funker eigneten, ausbilden. Dazu wurde ich zum Unteroffizier befördert. Nach einigen Monaten wurde dort die spätere 8. Gebirgsdivision aufgestellt und wir gehörten dazu. Vom Genfer See bis hinter Grenoble war dann unser Einsatzgebiet. Unsere Gegner waren französische Partisanen. Im August 1944 kam unser Rückzug, das heißt der der ganzen 8. Gebirgsdivision über die Westalpen und wir fanden uns wieder an der neuen oder alten italienisch-französischen Grenze. Das war dann ein Stellungskrieg im Hochgebirge gegen französische Alpenjäger und Amerikaner. Unser rückwärtiger Ort hieß: "Bardonecchia". Unsere Stellung war westlich davon auf den Bergen zwischen 2 000 und 2 600 Meter Höhe. So um Weihnachten 1944 löste uns dort die 5. Gebirgsdivision ab und wir kamen in den Apennin rund 16 km südlich Bolognas und hatten als Gegner die 10. amerikanische Gebirgsdivision. Bis 20. April 1945 hielten wir dort die Stellung. Dann kam der letzte Rückzug vor den Amerikanern, die uns mit weit überlegenen Kräfte und der absoluten Luftüberlegenheit bis Südtirol zurückdrängten. In der Gegend von Trient überraschte uns dann der Waffenstillstand für das Gebiet Italien. Am 15.7.1945 fielen wir schließlich in amerikanische Gefangenschaft.

Nachwort

Ich schreibe diese Zeilen als Deutscher und kann mir vorstellen, dass ein französischer oder russischer Soldat ebenfalls aus seiner Sicht und seinem Erleben solche Gedanken zu Papier bringt. In diesem Sinne können wir uns die Hände geben, denn wir Frontsoldaten haben den Krieg nicht gewollt und auch nicht begonnen. Wir hatten auch keinen Profit, sondern unendliche Mühsal und Leid auf uns zunehmen, und zwar immer auf beiden Seiten. Auch kannten über 90 % aller Frontsoldaten keinen Hass auf unsere Gegner. Wenn ein Gefecht vorbei war und wir hatten Gefangene, so waren es für uns eben die Soldaten der Gegenseite, für die nun der Krieg aus war. Wie es dann in den Gefangenenlagern war, entzieht sich unserer Kenntnis. Was die Gegenseite mit ihren Gefangenen, d. h. unseren Kameraden, angestellt hat, das könnte man im Bundesarchiv in der Geschichte über die deutschen Gefangenen nachlesen, wenn es die Bundesregierung erlauben würde. Wir bräuchten uns nicht zu schämen, so wie es Kohl, Weizsäcker, Vogel und viele gerne haben möchten. Vielleicht gibt es doch noch Hoffnung, dass die Geschichtsschreibung zur Wahrheit zurückkommt.

In diesen schweren Jahren des Krieges ist eine Kameradschaft gewachsen, die heute, 40 Jahren nach dem Ende noch anhält. Die einzelnen Bataillone und Abteilungen treffen sich heute noch regelmäßig alle Jahre, meist in den Stammgebieten Niederbayern, Oberbayern und Schwaben zu einem Wiedersehen. Es gibt auch einzelne, die davon nichts wissen wollen, aber das ist die Minderheit und sie waren auch damals meist Sonderlinge. Das letzte große Treffen fand 1983 in Rosenheim statt. Da kamen auch Abordnungen der Gebirgstruppen von der Gegenseite von damals. Z.B. amerikanische, finnische, holländische, italienische, französische und natürlich deutsche und österreichische Gebirgssoldaten. Ich würde mich sehr freuen, wenn bei einem Treffen der Frontsoldaten, so wie wir es mit unseren westlichen Gegnern zusammen schon oft getan haben, auch mal russische Frontsoldaten eingeladen würden.

Seit Ende des 2. Weltkriegs fanden weltweit über 150 militärische Auseinandersetzungen statt mit vielen Millionen Toten. Wir waren da nicht beteiligt, aber unsere damaligen Gegner. Wir Soldaten von damals werden heute noch von fremden und eigenen Landsleuten beschuldigt und beleidigt. Aber gegen die heutigen Kriegstreiber und Kriege Führenden gibt es keine Klage nur ein paar Zeitungszeilen so nebenbei. Wann werden die Völker dieser Erde von ihrem Drang nach Macht ablassen und endlich mal in Frieden leben. Es ist für uns, die wir so viel erdulden mussten, schwer an die Gerechtigkeit der Menschen zu glauben.

Nürnberg, Weihnachten 1986

Hans Kogler

Das Gebirgs-Artillerie-Regiment 79

"[...]Das Gebirgs-Artillerie-Regiment 79 wurde am 6. Oktober 1936 in Garmisch-Partenkirchen, im Wehrkreis VII, aufgestellt. [...].Das Regiment unterstand der 1. Gebirgs-Division. [...]Während des Polenfeldzuges stieß das Regiment im Verband mit dem XVIII. Gebirgs-Armeekorps aus der Slowakei über Presov - Gorlice - Zmigrod auf Dukla vor. Von hier ging es dann über Sanbor nach Lemberg. Nach dem Polenfeldzug verlegte das Regiment in den Westen. Im Mai 1940 stieß es durch Belgien zum Oisne-Aisne-Kanal vor. Hier wurde nach Süden abgedreht, die Aisne überschritten, Soissons durchquert und die Marne bei Château Tierry überschritten. Über Nogent sur Seine und die Loire stieß das Regiment bis in den Cher-Abschnitt bei Bourges vor. Am 29. November 1940 wurde die I. Abteilung an das Gebirgs-Artillerie-Regiment 95 abgegeben, die III. Abteilung wurde neue I. Abteilung. Neue III. Abteilung wurde die leichte Artillerie-Abteilung 745. Im April 1941 nahm das Regiment am Jugoslawien-Feldzug teil. Dafür stieß es über Windischgrätz und Cilli auf Bihac vor. Ab Juni 1941 dann Teilnahme am Russlandfeldzug. Aus dem Raum Przemysl marschierte das Regiment nach Shitomir. Vor Winniza unterstützte das Regiment den Durchbruch durch die Stalinlinie. Der 15. Juli 1941 wurde zum Großkampftag, bei dem das russische Befestigungssystem durchbrochen werden konnte. Weiter ging es über Winniza, Gaissin und Uman bis zum

Dnjepr. Der Fluss wurde bei Berislaw überschritten, es kam zu Kämpfen in der Nogaischen Steppe und am Panzergraben vor Timoschewka.[...] Im November 1941 kam es zu Gefechten um Stalino und am Mius. Im Frühjahr 1942 stieß das Regiment über Ssamara, Barwinkowa und Gusarowka in den Raum südlich von Charkow vor, der im Juni erreicht wurde. Bei St. Sawinzi wurde der Donez überschritten und über Isjum und Taganrog wurde Rostow erreicht. Im Sommer 1943 kämpfte das Regiment im Kaukasus bis nach Tupase, den Elbrus und Ordschonikidse. Hier begann im Januar 1943 der Rückzug in den Kuban-Brückenkopf, in dessen Abschluss das Übersetzen auf die Krim. Im April 1943 wurde das Regiment über See und per Eisenbahn über Rumänien auf den Balkan verlegt. Das Regiment wurde dann bis 1945 auf dem Balkan eingesetzt, unter anderem in Montenegro, Novi Pazar, Sarajewo, Ungarn und bei Nish. Im Oktober 1944 zog sich das Regiment nach Belgrad zurück. [...]"[6]

---

[6] www.lexikon-der- wehrmacht.de/Gliederungen/ArtRgtGeb/GAR79-R.htm

Abbildungen

eigene Photographien

Quellen

Aufzeichnungen von Johann Kogler (22.1.1916-20.1.2000), Funker im Artillerie Regiment 79 der 1. Gebirgsdivision.

Kontakt zum Herausgeber

s.heu2102@googlemail.com

Herstellung und Verlag:
BoD - Books on Demand, Norderstedt
ISBN 978-3-7347-5584-2